NÓS PROTEGEMOS A VIDA

2º ANO

PROFESSOR

MARIA INÊS CARNIATO

NÓS PROTEGEMOS A VIDA

2º ANO
PROFESSOR

EDIÇÃO REVISTA E AMPLIADA

Paulinas

Dados Internacionais de Catalogação na Publicação (CIP)
(Câmara Brasileira do Livro, SP, Brasil)

Carniato, Maria Inês
Nós protegemos a vida : 2º ano : professor / Maria Inês Carniato ; ilustrações Soares. – 2.ed.rev. e ampl. – São Paulo : Paulinas, 2010. – (Coleção ensino religioso fundamental)

ISBN 978-85-356-0996-7

1. Educação religiosa (Ensino fundamental) I. Soares II. Título. III. Série.

10-00229 CDD-372.84

Índice para catálogo sistemático:
1. Educação religiosa : Ensino fundamental 372.84

2ª edição Revista e atualizada – 2010
1ª reimpressão – 2019

Direção-geral: Flávia Reginatto
Editora responsável: Luzia M. de Oliveira Sena
Assistente de edição: Andréia Schweitzer
Copidesque: Maria Goretti de Oliveira
Coordenação de revisão: Marina Mendonça
Revisão: Ruth Mitzuie Kluska
Direção de arte: Irma Cipriani
Ilustrações: Soares
Gerente de produção: Felício Calegaro Neto
Projeto gráfico: Telma Custódio

Paulinas
Rua Dona Inácia Uchoa, 62
04110-020 – São Paulo – SP (Brasil)
Tel.: (11) 2125-3500
http://www.paulinas.com.br – editora@paulinas.com.br
Telemarketing e SAC: 0800-7010081

Convite a quem ama a educação

Você, professora/professor, que dedica suas energias, conhecimentos e tempo à grandiosa profissão de educar crianças, com certeza deseja o melhor para elas.

A escola forma o ser humano como cidadão consciente, participante e responsável, mas também como pessoa única, situada no mistério da abertura à transcendência, que se manifesta nos sinais do sagrado presentes na diversidade cultural e religiosa.

O componente curricular Ensino Religioso não é proposta de fé, mas, sim, conhecimento e apropriação de novos saberes acerca de dados reais presentes na sociedade. Proporciona a derrubada de preconceitos, temores e rivalidades e a convivência ética, respeitosa e solidária com as diferenças que compõem a diversidade religiosa, étnica e cultural da população brasileira e da humanidade.

Cabe a você comunicar aos alunos e a seus familiares a confiança na escola e a certeza de que o Ensino Religioso, longe de excluir ou desprezar qualquer experiência ou pertença religiosa, educa para o respeito à diversidade e a valorização dos diferentes conhecimentos, vivências e modos de crer dos alunos e de seus familiares.

Educar para a convivência positiva com as diferenças é um dos principais objetivos do Ensino Religioso. Por isso o livro do 2º ano, *Nós protegemos a vida,* sugere atividades lúdicas com música, artes, brincadeiras e histórias, ao mesmo tempo em que valoriza o imaginário e propõe diálogos educativos, centrados na capacidade de a criança observar, refletir, expressar ideias, ouvir e respeitar opiniões diferentes da sua, experimentando a passagem do egocentrismo para as vivências comunitárias significativas.

Parabéns por sua coragem de apostar na eficácia transformadora do Ensino Religioso. Auguramos que este livro venha ao encontro de suas expectativas didáticas e pedagógicas e contribua para fazer de sua sala de aula uma célula do mundo de igualdade e paz com o qual todos sonhamos.

A você, um abraço de Paulinas Editora e da autora deste livro.

Ensino Religioso
Componente curricular do Ensino Fundamental

A escola é espaço de pesquisa, construção de conhecimento, apropriação do legado cultural da humanidade e reflexão sobre a vida atual, em vista da educação integral e cidadã.

O Ensino Religioso, componente curricular do Ensino Fundamental, afirma-se nas Ciências da Religião, uma nova área acadêmica adotada em universidades do mundo inteiro, nos últimos 100 anos.

As Ciências da Religião têm por objetivo o estudo sistemático da religião, ou seja, das expressões culturais da religiosidade humana, em todas as suas dimensões, formas, conteúdos, práticas, significações. Por isso, a sua estrutura é multidisciplinar. Diferentes disciplinas, como Sociologia, Antropologia, História, Geografia, Filosofia, Psicologia, dentre outras, auxiliam na abordagem e compreensão desse fenômeno universal, presente nas diferentes culturas, desde os primórdios da humanidade.

O objeto de estudo da disciplina Ensino Religioso é o Fenômeno Religioso, isto é, os sinais e as expressões da religiosidade humana na cultura e na sociedade. Edgar Morin, professor da Universidade de Paris, no livro *Os sete saberes necessários para a educação do futuro*, escrito a pedido da UNESCO (Organização das Nações Unidas para a Educação, a Ciência e a Cultura), sobre os paradigmas da educação para o Terceiro Milênio, assim diz: "O saber científico sobre o qual este texto se apoia para situar a condição humana não só é provisório, mas também desemboca em profundos mistérios referentes ao Universo, à Vida, ao nascimento do ser humano. Aqui, intervêm opções filosóficas e crenças religiosas através de culturas e civilizações" (p. 13).

O Ensino Religioso como parte da educação cidadã, visa desenvolver as duas dimensões propostas pelo professor Morin: por um lado, o saber que resulta do rigor científico e, por outro, a humanização e a superação de preconceitos e rivalidades derivados da ignorância ante a diversidade de gênero, cultura, religião ou etnia.

EXIGÊNCIA CULTURAL DA SOCIEDADE

A UNESCO há muitos anos incentiva os povos a uma convivência internacional justificada pelos Direitos Fundamentais do Ser Humano, dentre os quais o direito de crença e de culto.

Diz a *Convenção Relativa à Luta contra a Discriminação no Campo do Ensino*, de 1960: "A educação deve visar ao pleno desenvolvimento da personalidade humana e ao fortalecimento do respeito aos direitos humanos e das liberdades fundamentais, o que deve favorecer a compreensão, a tolerância e a amizade entre todas as nações e todos os grupos raciais ou religiosos, assim como o desenvolvimento das atividades nas Nações Unidas para a manutenção da paz. Deve ser respeitada a liberdade dos pais ou, quando for o caso, dos tutores legais de assegurar, conforme as modalidades de aplicações próprias da legislação de cada Estado, a educação religiosa e moral dos filhos, de acordo com suas próprias convicções; outrossim, nenhuma pessoa ou nenhum grupo poderá ser obrigado a receber instrução religiosa incompatível com suas convicções" (art. 5º).

A *Declaração sobre a Raça e os Preconceitos Raciais*, de 1978, diz: "A identidade de origem não afeta de modo algum a faculdade que possuem os seres humanos de viver diferentemente, nem as diferenças fundadas na diversidade das culturas, do meio ambiente e da história, nem o direito de conservar a identidade cultural" (art. 1º).

A *Declaração sobre a Diversidade Cultural*, de 2001, confirma em sua introdução: "A UNESCO, reafirmando sua adesão à plena realização dos direitos humanos e das liberdades fundamentais proclamadas pela *Declaração Universal dos Direitos Humanos*; [...] Reafirmando que a cultura deve ser considerada como o conjunto de traços distintivos espirituais e materiais, intelectuais e afetivos que caracterizam uma sociedade ou um grupo social, e que abrange, além das artes e das letras, os modos de vida, as formas de convivência, os sistemas de valores, as tradições e as crenças. [...] Aspirando a uma maior solidariedade baseada no reconhecimento da diversidade cultural, na conscientização da unidade do Gênero Humano e no desenvolvimento de intercâmbios culturais, proclama: [...] A diversidade cultural amplia as possibilidades de escolha que se oferecem a todos; é uma das fontes do desenvolvimento, entendido não somente em termos de crescimento econômico, mas também como meio de acesso a uma existência intelectual, afetiva, moral e espiritual satisfatória" (art. 3º).

A *Convenção para a Salvaguarda do Patrimônio Cultural Imaterial*, de 2003, acrescenta: "O patrimônio cultural imaterial [...] manifesta-se em particular nos seguintes campos: tradições e expressões orais, incluindo o idioma como veículo do patrimônio cultural imaterial; expressões artísticas; práticas sociais, rituais e atos festivos; conhecimentos e práticas relacionados à natureza e ao universo; técnicas artesanais tradicionais. Entende-se por 'salvaguarda' as medidas que visam garantir a viabilidade do patrimônio cultural imaterial, tais como a identificação, a documentação, a investigação, a preservação, a proteção, a promoção, a valorização, a transmissão – essencialmente por meio da educação formal e não formal – e revitalização deste patrimônio em seus diversos aspectos" (arts. 2º e 3º).

Acesso aos textos integrais da UNESCO: <www.brasilia.unesco.org./publicacoes/docinternacionais/doccultura>.

DIVERSIDADE E DIREITOS HUMANOS NO BRASIL

O Estado brasileiro, por meio da Secretaria Especial de Direitos Humanos, vem pondo em prática os compromissos assumidos como Estado membro da UNESCO.

A *Constituição Federal* de 1988 assim diz: "É inviolável a liberdade de consciência e de crença, sendo assegurado o livre exercício dos cultos religiosos e garantida, na forma da lei, a proteção aos locais de culto e a suas liturgias" (art. 5º, inciso VI).

A Cartilha *Diversidade Religiosa e Direitos Humanos*, de 2005, complementa: "O Estado brasileiro é laico. Isso significa que ele não deve ter, e não tem religião. Tem, sim, o dever de garantir a liberdade religiosa [...] um dos direitos fundamentais da humanidade, como afirma a Declaração Universal dos Direitos Humanos. [...] A pluralidade, construída por várias raças, culturas, religiões, permite que todos sejam iguais, cada um com suas diferenças. É o que faz do Brasil, Brasil. Certamente, deveríamos, pela diversidade de nossa origem, pela convivência entre os diferentes, servir de exemplo para o mundo" (Apresentação).

Acesso à Cartilha: <www.presidencia.gov.br/estrutura_presidenciasedh/.arquivos/cartilhadiversidadereligiosaportugues.pdf>.

O ENSINO RELIGIOSO NO ÂMBITO DA EDUCAÇÃO NACIONAL

A *Constituição Federal* de 1988 assim define o Ensino Religioso: "Serão fixados conteúdos mínimos para o Ensino Fundamental, de maneira a assegurar formação básica comum e respeito aos valores culturais e artísticos, nacionais e regionais. § 1º – O Ensino Religioso, de matrícula facultativa, constituirá disciplina dos horários normais das escolas públicas de Ensino Fundamental" (cf. art. 110).

O art. 33 da *Lei de Diretrizes e Bases da Educação Nacional* de 1996, redigido pela segunda vez pela Lei n. 9475, em 1997, esclarece: "O Ensino Religioso, de matrícula facultativa, é parte integrante da formação básica do cidadão e constitui disciplina dos horários normais das escolas públicas de Ensino Fundamental, assegurado o respeito à diversidade cultural religiosa do Brasil, vedadas quaisquer formas de proselitismo".

A Câmara de Educação Básica do Conselho Nacional de Educação, na Resolução n. 7, de 14 de dezembro de 2010, ao fixar as *Diretrizes Curriculares Nacionais para o Ensino Fundamental de 9 (nove) anos*, afirma:

> "Art. 14. O currículo da base nacional comum do Ensino Fundamental deve abranger, obrigatoriamente, conforme o art. 26 da Lei n. 9.394/96, o estudo da Língua Portuguesa e da Matemática, o conhecimento do mundo físico e natural e da realidade social e política, especialmente a do Brasil, bem como o ensino da Arte, a Educação Física e o Ensino Religioso.
>
> Art. 15. Os componentes curriculares obrigatórios do Ensino Fundamental serão assim organizados em relação às áreas de conhecimento:
>
> I – Linguagens: a) Língua Portuguesa; b) Língua Materna, para populações indígenas; c) Língua Estrangeira moderna; d) Arte; e) Educação Física; II – Matemática; III – Ciências da Natureza; IV – Ciências Humanas: a) História; b) Geografia; V – Ensino Religioso.
>
> Art. 21. No projeto político-pedagógico do Ensino Fundamental e no regimento escolar, o aluno, centro do planejamento curricular, será considerado como sujeito que atribui sentidos à natureza e à sociedade nas práticas sociais que vivencia, produzindo cultura e construindo sua identidade pessoal e social.

Parágrafo único. Como sujeito de direitos, o aluno tomará parte ativa na discussão e na implementação das normas que regem as formas de relacionamento na escola, fornecerá indicações relevantes a respeito do que deve ser trabalhado no currículo e será incentivado a participar das organizações estudantis.

Art. 22. O trabalho educativo no Ensino Fundamental deve empenhar-se na promoção de uma cultura escolar acolhedora e respeitosa, que reconheça e valorize as experiências dos alunos atendendo as suas diferenças e necessidades específicas, de modo a contribuir para efetivar a inclusão escolar e o direito de todos à educação."

CONTEÚDOS DO ENSINO RELIGIOSO

No âmbito das matrizes histórico-culturais brasileiras, o objeto de estudo do Ensino Religioso é o Fenômeno Religioso enquanto Patrimônio Imaterial do povo brasileiro.

De forma pedagógica, pode-se organizar a diversidade de informações e de possíveis abordagens do conteúdo em cinco eixos temáticos, partindo-se do visível, isto é, do conhecimento ao qual os estudantes têm acesso fora da escola, por meio da cultura, da comunicação, da observação do meio ambiente ou da experiência familiar:

- **Ritos, festas, locais sagrados, símbolos** – centros religiosos, templos, igrejas, sinagogas, mesquitas, terreiros, casas de reza; cerimônias, oferendas, cultos, liturgias, rituais etc.
- **Tradições religiosas** – indígenas, africanas e afro-brasileiras, Judaísmo, Xintoísmo, Hinduísmo, Budismo, Islamismo, Fé Bahá'i, Protestantismo, Catolicismo, Pentecostalismo, novos movimentos religiosos ecléticos e sincréticos, religião cigana e outras.
- **Teologias das tradições religiosas** – diferentes nomes e atributos do ser transcendente, diferenças e semelhanças doutrinais entre as tradições religiosas; mitos de origem; crenças na imortalidade: ancestralidade, reencarnação, ressurreição.
- **Textos sagrados** – orais: mitos e cosmovisões das tradições indígenas, ciganas, africanas; escritos: livros sagrados das antigas civilizações e das tradições religiosas atuais.
- ***Ethos* dos povos e das culturas** – costumes e valores dos povos e de suas religiões.

TRATAMENTO PEDAGÓGICO DO ENSINO RELIGIOSO

O Ensino Religioso é essencialmente interdisciplinar. Requer atividades interativas que proporcionem não só pesquisa rigorosa, reelaboração de dados, produção de formas literárias e artísticas do conhecimento adquirido e reflexão, como também experiências significativas na educação integral, pois nenhuma disciplina como o Ensino Religioso lida com as questões humanas universais.

Estas, por sua vez, refletidas e dialogadas, podem iluminar questões particulares e coletivas e se transformar em construção da sabedoria de vida, que leva à cidadania e ao protagonismo na humanização e na transformação da sociedade.

Orientações para o uso deste livro

O livro do aluno não é consumível. É preciso caderno ou folhas para as atividades escritas e artísticas. Desta forma, poderá ser usado por outra criança no ano seguinte, motivando os alunos a conservá-lo com cuidado e, assim, exercitar a cidadania.

POSSIBILIDADE DE ESCOLHA

No desenvolvimento das aulas são sugeridas várias atividades. Também o livro da criança tem ilustrações que sugerem atividades possíveis. Você não precisa desenvolver tudo o que é sugerido. Pode optar pelo que for mais conveniente, nas condições em que trabalha.

As aulas podem ser desenvolvidas como apresentado ou desdobradas em projetos de duração variável. Nesse caso, podem ser selecionados os temas de maior interesse. Quaisquer iniciativas suas para tornar a aula mais interessante e agradável são altamente recomendáveis.

PASSOS DO DESENVOLVIMENTO

HISTÓRIA

Adaptações a alusões a contos de fada, fábulas, lendas e casos populares abordam valores, situações humanas e significados sagrados da realidade. Convidam a criança a desenvolver a comunicação consigo, com a turma e com pessoas adultas, bem como expressar a sabedoria que dá novo sentido a tudo.

Não é preciso contar a história quando for conhecida. Basta mencionar um aspecto particular e deixar que a turma construa o que está faltando.

A construção da história pode ser oral, usando linguagem onomatopaica, em rima, adaptada a uma melodia, com desenhos, encenação, maquetes, bonecos de vários tipos etc.

Pode-se sugerir um começo, alguns personagens, um tema, um acontecimento, um final ou um ambiente e pedir que seja desenvolvido aquilo que falta na história.

É interessante e agradável convidar pessoas da comunidade a vir contar histórias.

MÚSICA

Podem ser usadas músicas do patrimônio cultural, como refrões de contos de fadas e cantigas de roda, para criar novas letras. Por meio delas, a turma constrói conhecimento e reflexão.

Qualquer música pode ser acompanhada de ritmo, produzido pelo próprio corpo ou por instrumentos que sejam, de preferência, construídos pela turma, com material alternativo.

As músicas que aparecem no fim de cada lição têm o objetivo de acrescentar aspectos complementares ao conteúdo.

COMUNICAÇÃO

A criança traz para a escola o conhecimento adquirido na família e na sociedade em que nasceu. Esse conhecimento se dá pela comunicação, mas é preciso incentivar a conversa com adultos e a investigação daquilo que se deseja saber, trazendo para a sala de aula as informações que foram assimiladas.

O Ensino Religioso é conhecimento da religiosidade e do sentido da vida. A formação da criança se dá por meio de experiências, da tomada de consciência dos sentimentos que essa experiência desperta, do diálogo, da reflexão e da opinião formada a respeito da realidade. Nos anos iniciais, o conteúdo do Ensino Religioso ajuda a criança a refletir, debatendo com colegas e pensando em fatos da própria vida.

O item comunicação é o mais importante no desenvolvimento das aulas. Nem sempre a sugestão será reunir equipes. Em certos momentos a turma poderá construir o conhecimento e a expressão usando outras modalidades, que serão indicadas em cada lição.

INVENÇÃO

Trata-se de atividades que têm o intuito de estimular a criatividade e desenvolver aptidões. Podem ser usados diversos materiais artísticos: massa de modelar, tintas e lápis para desenho e pintura, tesoura, cola, papel colorido, gravuras, e todo tipo de material alternativo (sucata).

CHARADA

Esta breve atividade lúdica não precisa ser abordada na classe. O objetivo é tornar o livro mais atraente, para que a criança volte a abri-lo em casa e seja estimulada a comunicar-se com familiares. As respostas estão no final do livro.

JÁ PENSOU SE FOSSE ASSIM?

A canção final apresenta músicas que falam da construção de um mundo melhor, ampliando os temas dialogados na sala. Pode complementar a lição ou ser uma alternativa de trabalho, quando não for possível ou conveniente desenvolver uma das outras atividades.

PARA CONVERSAR COM QUEM VOCÊ AMA

Sugestão para que a criança dialogue em casa, com alguém de sua confiança. Nas aulas seguintes é útil deixar que elas expressem o resultado dessa experiência. Para auxiliá-las, é preciso explicar o que devem fazer e pedir que mostrem o livro para as pessoas com quem irão conversar.

OUTRAS SUGESTÕES

USO DO ESPAÇO NA SALA

O movimento corporal é indispensável nas séries iniciais. A experiência requerida pelo Ensino Religioso dificilmente pode ocorrer se a aula não envolver a criança nas dimensões cognitiva, emocional e lúdica. Para isso faz-se necessário um espaço adequado.

Algumas sugestões:

- Dispor as carteiras em círculo, para que todos possam se ver o tempo todo.
- Encostar as carteiras ao longo das paredes, com as cadeiras na frente, para serem usadas, de modo a formar um espaço no centro para brincadeiras, apresentações e diálogos.
- Concentrar as carteiras no centro da sala, de modo a deixar espaços laterais para que a turma circule cantando, dançando, em fila, em formação de trenzinho, em grande roda, marcando ritmo, batendo os pés, de mãos dadas etc.
- Deixar as carteiras em filas e pedir que a turma circule nos corredores entre elas.

BRINCADEIRAS

O ato de brincar é a forma natural de aprendizado da criança. Para ela é um ato sério e revestido de grande significado. Brincando, ela recria, elabora e enfrenta as mais variadas situações da vida cotidiana. Sempre que for oportuno, é bom sugerir às crianças que brinquem como se estivessem em uma determinada situação. Assim elas estarão compreendendo e assimilando conceitos abstratos. Por exemplo: as crianças que pertencem a determinada religião podem brincar de estar celebrando o culto ou a liturgia a que costumam assistir em sua comunidade.

MOVIMENTOS INDIVIDUAIS E COLETIVOS

As músicas, canções, falas ou rimas podem ser acompanhadas com movimentos e sons produzidos pelo corpo, para marcar o ritmo e experimentar o sensação de fazer parte de um grupo.

O ritmo pode ser marcado com sons de palmas, pés, estalar de dedos, ou com movimentos, como meia-volta, passo à frente, passo atrás, bater as palmas das mãos do colega da direita e da esquerda, abaixar, levantar, balançar como árvore ao vento.

Pode-se também reproduzir os movimentos de animais "em câmara lenta", "congelar" a posição ou "ficar como estátua"; dançar ou caminhar em roda, em fila, em duplas, em pequenos grupos, de mãos dadas, com as mãos nos ombros do companheiro da frente, de braços dados com o parceiro do lado, saltitar, pular em um pé só, caminhar para trás.

Outra sugestão são as mímicas coletivas, envolvendo a turma toda ou pequenos grupos, como se estivessem remando um barco, colhendo frutas de uma árvore, lavando um carro, balançando como a onda do mar, caminhando em movimento sincronizado como uma centopeia etc.

REPRODUÇÃO DE SONS

As crianças reproduzem qualquer som conhecido com a linguagem onomatopaica. O exercício é prazeroso e divertido, libera grande potencial de criatividade e descontração e as introduz em um mundo imaginário.

Ao ser construída uma história, podem ser feitos, por pequenos grupos ou por vozes individuais, os sons que nela aparecem. Por exemplo:

- sons da fazenda – grupos de animais domésticos, cabras, patos, galinhas, porcos, galos, pintos, cavalos, bois. Pode-se narrar a presença dos animais, para que cada grupo ou pessoa emita o respectivo som, depois criar um momento coletivo (o amanhecer ou anoitecer, a hora da ração), quando todos os animais se manifestam juntos etc.;
- sons da floresta – cantos de pássaros, vento entre as árvores, grilos, cigarras etc.;
- a chuva pode ser representada com os dedos – primeiro um só dedo batendo na palma da mão ou na mesa, depois dois, três, conforme a chuva for aumentando ou diminuindo de intensidade;
- galope de cavalo – bater palmas ritmadas, com as mãos em concha;
- sons da cidade – podem ser feitos grupos para buzina, moto, carro, apito de guarda, sirene de bombeiros ou polícia, ambulantes anunciando seus produtos;
- sons da feira: vendedores gritando o preço de frutas, legumes, peixes, carnes;
- sons de meios de transporte: metrô e trem, esfregando um pedaço de sacola plástica entre as palmas das mãos;

Instrumentos musicais podem ser construídos com os mais variados materiais alternativos. Na maioria das vezes, não reproduzem as notas musicais, mas servem para marcar o ritmo, que envolve e harmoniza a turma em uma construção coletiva.

UNIDADE 1

Eu sou eu! Que legal!

Objetivo Reconhecer-se como pessoa única e repleta de possibilidades, situada em um mundo que pode ser descoberto e compreendido.

1.1. Fez um furo no pneu

OBJETIVO

Sentir-se pessoa localizada em seu espaço e segura de seu lugar. Desenvolver a capacidade de se apresentar, de escutar com respeito a apresentação dos colegas e de conviver com diferenças.

MATERIAL

Papel pardo, pincéis e materiais de sucata disponíveis, à escolha.

CADA RATO EM SUA TOCA

Dois ratos eram amigos.

Um morava na roça de milho. Tinha uma toca debaixo das palhas e galhos secos.

O outro era hóspede em uma casa.

Um dia o rato da roça foi almoçar com o amigo.

Entraram na despensa e se encheram de gostosuras.

Mas de repente ouviram um som. Um animal feroz e perigoso se aproximava.

Os dois precisaram deixar tudo e correr.

Na mesma hora o ratinho do campo se despediu e voltou para casa.

Era melhor saborear sua espiga de milho bem longe do gato!

O rato da cidade e o rato do campo. Reconto da fábula de La Fontaine.

Ler e comentar a história dos ratos. Deixar que as crianças criem sons e movimentos dos pés de milho ao vento, os sons da fazenda, os passos do ratinho que vai visitar o amigo, sons da casa, movimentos e som do gato etc.

Pedir a cada criança que se apresente (nome, sobrenome da família, número de pessoas com quem vive etc.), fale de sua casa e do trajeto que faz para vir à escola.

Após cada apresentação, pode ser cantado com gestos: "O jipe do/a (nome da criança) fez um furo no pneu (3 vezes). Nós fomos ajudar". A letra pode ser modificada conforme a sugestão das crianças.

Dialogar a respeito do lugar próprio de cada espécie dos seres vivos.

Concluir comentando sobre a existência das religiões e que elas ensinam a ter respeito e cuidado para com todo ser vivo.

A seguir, executar a sugestão do item "Invenção": apresentar o material disponível para que cada criança represente sua casa e explique o trajeto que faz para a escola, ou, então, colar papel pardo na parede e desenhar, em mutirão, o bairro e a escola, para que cada uma delas situe sua casa no lugar adequado. O desenho do bairro em mutirão também pode ser feito no quadro, de preferência com giz colorido.

COMUNICAÇÃO

Cada rato tinha sua casa e nela se sentia bem.

As religiões ensinam a importância de ter onde morar e se sentir feliz.

Você pode comentar com a turma onde fica sua casa e o caminho que você faz até a escola.

Faz de conta que você vem de jipe.

Para cada colega que se apresentar, a turma pode cantar uma musiquinha assim:

O jipe do Pedro fez um furo no pneu (3 vezes)
Colamos com chiclete.

O jipe do Bruno fez um furo no pneu (3 vezes)
Nós fomos ajudar.

Você também pode brincar de dirigir o jipe e trocar o pneu furado.

INVENÇÃO

Você pode escolher o material
e representar sua casa
e o caminho para a escola.

CHARADA

Ausente, todos me querem. Presente, fogem de mim.

PARA CONVERSAR COM QUEM VOCÊ AMA

Você tem uma religião?

O que ela ensina de mais importante?

JÁ PENSOU SE FOSSE ASSIM?

A CASA

Minha casa é bonita
Minha casa tem valor
Minha casa é muito rica
Porque nela habita amor

Tem até um cachorrinho
Ele é de estimação
De manhã quando eu acordo
Ele me faz um carinho
Muito alegre ele late
E abana o rabinho

Às vezes uma briguinha
Que faz parte do viver
Em casa há liberdade
De falar e ouvir
É um dever
Lá, lá, lá, lá

Na minha casa eu sou feliz
Lá, lá, lá, lá
Meu coração assim me diz

Celina Santana. CD *É hora de Cantar.*
Paulinas/COMEP, 1998.

1.2. A canção dos anões

OBJETIVO

Sentir a alegria de viver e de ter sido matriculada na escola por alguém que a ama, para aprender e para conviver com pessoas diferentes.

MATERIAL

Todos os materiais de arte disponíveis, à escolha.

OS ANÕES CANTAM E DANÇAM

Branca de Neve se perdeu na floresta.
Ela caminhou por muito tempo e encontrou a casa dos anões.
Entrou e ficou lá até eles chegarem.
Os anões eram sete.
Todos os dias eles iam trabalhar na mina, cantando:

Eu vou, eu vou, pro trabalho agora eu vou
Lá lá rá lá lá, lá lá rá lá lá
Eu vou, eu vou, eu vou, eu vou.

Quando voltavam da mina para casa, os anões vinham cantando outra vez.

Alusão ao conto *Branca de Neve e os sete anões*, de Grimm.

Você pode inventar outra letra para a canção dos anões.
Pode também saltitar, dançar, bater palmas.
Pode bater pés ou virar estátua enquanto canta.

Ler o relato inicial e deixar as crianças construírem a história.

Motivar para a alegria de viver, poder sair de casa e vir à escola.

Formar uma roda ou fila e cantar a canção dos anões: repetir e introduzir gestos que acompanhem o ritmo.

No fim de cada repetição, todos podem ficar parados como estátua, esperando que alguém grite uma nova palavra para cantar. Por exemplo: "para a escola", "estudar", "escrever", "aprender". A cada palavra dita, repetir a canção e criar gestos.

Formar duplas, frente a frente, com as mãos espalmadas umas contra as outras. Uma criança pede à outra: "Deixe-me passar, quero ir (diz aonde quer ir)". A outra não permite e a empurra de leve, sem separar as mãos. Depois, trocam-se os papéis.

Comentar a experiência das duplas: o que a pessoa sente ao ser impedida de fazer o que precisa?

Questionar: o que queremos fazer e aprender na escola durante o 2º ano?

A seguir, executar a sugestão do item "Invenção": colocar o material à disposição, para que cada criança escolha o que preferir e crie uma forma de transmitir a mensagem "A quem quero agradecer por eu estar na escola". Ao final, pedir que apresentem para a turma o trabalho e o motivo de agradecimento.

Concluir falando sobre o papel da escola: um lugar para as crianças crescerem juntas e conhecerem as diferenças que fazem o povo brasileiro ser tão bonito, alegre e acolhedor. É próprio do ser humano ter capacidades, aprender e ter sentimentos. Cada pessoa é única e tem seu jeito especial de aprender, ensinar e realizar muitas ações boas, mas as pessoas precisam umas das outras para se desenvolver e crescer.

COMUNICAÇÃO

Você está na escola porque alguém o ama e fez sua matrícula.

O que você quer fazer e aprender no 2º ano?

INVENÇÃO

Que tal escolher o material e representar a pessoa a quem você quer agradecer por estar na escola?

CHARADA

O que é, o que é? Cozido é alimento, mas escrito fica cheio de terra.

PARA CONVERSAR COM QUEM VOCÊ AMA

O que sua religião ensina a fazer quando se recebe amor, cuidado e ajuda de alguém?

JÁ PENSOU SE FOSSE ASSIM?

SEGREDO DA FELICIDADE

Se você gosta de matemática
Você é feliz contando 2+1+1+1
Se você gosta desta bandinha
Você é feliz tocando
Tra-la-lá, Tim-bum, Tim-bum!

O segredo da felicidade
É amar, é amar

Se você gosta de seu vizinho
Você é feliz chegando na janela
Ou no portão
Se você gosta de seu gatinho
Você é feliz quando ele faz
Rom-rom, miau, miau

Se você gosta de sua escola
Você é feliz na hora da entrada
Oi, oi, oi!
Se você gosta de sua casa
Você é feliz na hora da saída
Tchau, tchau, tchau!

Maria Sardenberg. CD *Tra-la-lá*.
Paulinas/COMEP, 2001.

1.3. O nome daquele pato

OBJETIVO

Lidar com os sentimentos e compreender que ser pessoa é amar, ser amada e ter o seu espaço numa sociedade plural.

MATERIAL

Música para dançar. Material para fazer máscaras: embalagens ou folhas de papel e pedaços de barbantes para prender, tintas, pincéis, lápis de cor.

O CISNE DA LAGOA

Era primavera.

As crianças correram até a margem da lagoa e viram um habitante recém-chegado, mais belo que os outros cisnes do bando.

Elas sabiam que aquele era um cisne novo, porque conheciam pelo nome cada um dos velhos amigos.

Que aventura descobrir a história do belo animal e dar um nome a ele!

Ainda bem que aquelas crianças entendiam a linguagem dos animais.

Elas ouviram a longa história do cisne: ele nascera em uma fazenda onde todos pensaram que fosse um pato.

Alusão ao conto *O patinho feio*, de Grimm.

Ler o final da história do patinho feio.

Reconstruir a história toda com sons e movimentos da fazenda, da estrada, da lagoa. Por exemplo: imitar a família de patos em que o pequeno cisne nasceu, imitar outros animais da fazenda, assobiar e balançar o corpo ao som do vento, lutar contra a tempestade, procurar proteger-se do frio etc.

Pedir às crianças que escolham um nome novo para o cisne que deixou de ser considerado um patinho feio e expliquem o motivo do nome.

Fazer a dança das casinhas: riscar círculos no chão, três a menos do que o número de crianças. Colocar música para que todos dancem fora dos círculos. Ao parar a música, todos devem correr para dentro de uma casinha. Os três que ficam fora saem da brincadeira. Apagar três casinhas e recomeçar, até que restem três crianças.

Conversar acerca da experiência: como nos sentimos quando nos deixam fora e não há lugar para nós? E quando deixamos outras pessoas fora?

A seguir, executar a sugestão do item "Invenção": criar máscaras de sentimentos, desenhando um semblante alegre, um triste, um enraivecido, um temeroso e um sereno. Os sentimentos podem ser pintados no próprio rosto, desenhados em um saco de papel (com aberturas para os olhos e o nariz) ou em uma folha.

Pedir a cada criança que use a máscara que desenhou e explique o motivo.

Concluir que cada pessoa é única e existe para ser amada, para ser feliz, para amar e fazer os outros felizes. Mas às vezes, mesmo sem querer, a gente magoa e é magoada. Isso faz sofrer, mas é possível superar, porque todos nós temos muitas qualidades e somos pessoas belas e importantes.

COMUNICAÇÃO

Você conhece a história do patinho feio que na verdade era um cisne?

Como você se sente quando não há lugar para você em uma brincadeira?

E quando você tira o lugar de outra pessoa?

As religiões ensinam que todas as pessoas merecem amor e respeito por suas diferenças.

INVENÇÃO

Que tal criar uma máscara para mostrar como se sente quando alguém magoa você? Pode também mostrar como se sente quando você magoa alguém.

CHARADA

O que é, o que é?

É um pássaro tão belo! É de alguns tão conhecido!

Ele continua o mesmo quando o escrevo invertido.

PARA CONVERSAR COM QUEM VOCÊ AMA

O que sua religião ensina a fazer quando você magoa alguém ou é magoado?

JÁ PENSOU SE FOSSE ASSIM?

OLHE EU AQUI

Olhe eu aqui... estou presente
Eu sou presente que vem de Deus
Olhe eu aqui... eu sou criança!

Que meu sorriso chegue até você
Olhe eu aqui... estou presente!

Eu sou presente que vem de Deus
Olhe eu aqui... eu sou a vida!

Que meu sorriso chegue até você
Olhe eu aqui...eu sou a vida!

Eu sou a vida que vem de Deus
Olhe eu aqui... eu sou criança
Que meu sorriso chegue até você

Zélia Patrício. CD *A bonita arte de Deus*. v. 1.
Paulinas/COMEP, 1996.

1.4. A quadrilha apavorada

OBJETIVO

Experimentar a alegria de conviver e trabalhar em equipe. Desenvolver a capacidade de ouvir, respeitar e aceitar a opinião da outra pessoa e de socializar a própria.

MATERIAL

Papéis com o nome de um animal para cada criança. Repetir quatro vezes o mesmo animal, para formar equipes.

OS MÚSICOS DE BREMEN

No tempo em que as pessoas eram cruéis e abandonavam os animais velhos e doentes, um burro, um cão, um gato e um galo foram enxotados de casa por seus donos e formaram um grupo musical. Tinham esperança de assim ser alimentados por pessoas bondosas.

Os quatro amigos saíram rumo à cidade de Bremen, mas a noite caiu e eles entraram na floresta para dormir. Avistaram ao longe uma luz. Foram até lá e ouviram grande algazarra em uma cabana escondida entre as árvores.

A janela era alta e os animais não podiam espiar para dentro. Então, o burro convidou o cão a subir em seu lombo. O cão pediu ao gato que pulasse sobre ele e o galo voou para cima do gato. Um sustentando o outro, o galo olhou para dentro. Era o esconderijo de assaltantes que estavam devorando guloseimas roubadas na cidade.

Os animais entraram, derrubaram o lampião e tudo ficou escuro. O burro começou a coicear, o gato a unhar, o cão a morder e o galo a bicar os malandros. Eles fugiram apavorados, pensando que a cabana fosse assombrada. Assim, os quatro amigos encontraram um lugar para viver, porque a quadrilha nunca mais voltou.

Alusão ao conto *Os músicos de Bremen*, dos Irmãos Grimm.

Ler e reconstruir a história dos músicos de Bremen, com sons e movimentos.

Comentar os objetivos dos dois grupos: o dos animais (ajudar uns aos outros, sobreviver juntos, somar esforços para alcançar um objetivo etc.) e o dos assaltantes (roubar, esconder-se, divertir-se etc.).

Organizar equipes, de preferência com quatro membros, distribuir pequenos papéis com nomes de animais. Pedir que imitem o animal que receberam e assim descubram com quais colegas sua equipe é formada.

Sugerir uma atividade que exija colaboração, por exemplo: desenhar no quadro um animal com uma parte faltando; alguém da equipe, de olhos vendados, deve desenhá-la, seguindo as orientações de sua equipe.

Conversar a respeito do que cada um sentiu ao orientar ou ser orientado.

Listar as atitudes que são necessárias para conviver e trabalhar em equipe.

Concluir que as pessoas vivem felizes quando colaboram e ajudam umas às outras. Este é o principal ensinamento das religiões.

A seguir, desenvolver a sugestões do item "Invenção": cantar a música "Eu vi uma barata (havia uma pastorzinho)" ou outra conhecida. Pedir, então, a cada equipe que crie estrofes novas que falem de atitudes necessárias para a convivência. Cantar as estrofes com movimentos, gestos, marcação do ritmo, instrumentos.

COMUNICAÇÃO

As religiões ensinam a respeitar, conviver, trabalhar em colaboração e ser felizes.

Você pode fazer um trabalho com seus colegas, depois contar para os outros: o que é preciso fazer para nos sentirmos bem na equipe?

INVENÇÃO

Você conhece esta música?

Eu vi uma barata na careca do vovô
Assim que ela me viu bateu asas e voou
Dó ré mi fá fá fá, dó ré dó ré ré ré
Dó sol fá mi mi mi
Dó ré mi fá fá fá

Havia um pastorzinho que andava a pastorear
Saiu de sua casa e pôs-se a cantar
Dó ré mi fá fá fá, dó ré dó ré ré ré
Dó sol fá mi mi mi
Dó ré mi fá fá fá.

Folclore infantil

Que tal agora você inventar
outras estrofes, como esta:

O vovô me disse que o respeito é legal
Todos participam e ninguém se sente mal
Dó ré mi fá fá fá, dó ré dó ré ré ré
Dó sol fá mi mi mi
Dó ré mi fá fá fá

CHARADA

Por que o trem só consegue entrar no túnel até a metade?

PARA CONVERSAR COM QUEM VOCÊ AMA

O que sua religião ensina a fazer para conviver com as pessoas e fazê-las felizes?

JÁ PENSOU SE FOSSE ASSIM?

VAMOS REUNIR-NOS

Vamos reunir-nos (bis)
Conforme a professora orientou

Um ajuda o outro a estudar
Então vem participar
E na minha equipe entrar
E contente vou ficar

Estudar assim é sensacional
A gente aprende muito mais
Trocando ideias geniais

Edilberto P. Vasconcelos. CD *A escola é um show*. Paulinas/COMEP, 1997.

UNIDADE 2

Outros "eus" comigo formam "nós"

Objetivo Perceber a diversidade e a participação como dimensões humanas indispensáveis a uma vida saudável e feliz e descobrir a importância da inclusão de todas as diferenças na convivência social.

2.1. A rede é feita de nós

OBJETIVO

Compreender a dimensão comunitária da vida humana e a importância da participação de cada pessoa, para que a sociedade e o mundo possam ser melhores.

MATERIAL

Um rolo de barbante ou lã.

NÓS SOMOS SEMELHANTES A "NÓS"

Você conhece uma rede?
Redes de lojas, de televisão, de rádio. Redes de internet.
Essas são como redes invisíveis.
Mas existem também redes que se podem ver.

Redes de vôlei, de basquete, de futebol.
Redes de pingue-pongue, de tênis, de pesca e muitas outras.
Os nós de uma rede são todos importantes.
Se um nó se soltar, a rede pode desmanchar-se toda.
Nós, seres humanos, também somos muito importantes.
Ninguém pode ficar sem participar.
Todos nós, juntos, formamos uma rede.

Ler o texto inicial e pedir às crianças que lembrem da importância da rede no esporte e em outros usos.

Deixar que imaginem o que acontece quando um dos nós da rede se solta.

Concluir que todas as pessoas são importantes e não podem ser deixadas fora da convivência humana. Se uma pessoa for excluída a rede pode se desfazer.

A seguir, executar a sugestão do item *Invenção*: formar um círculo e entregar um rolo de barbante para uma das crianças, instruindo que ele deve ser jogado de uma criança para outra, até que todas fiquem segurando um pedaço, de modo a se formar uma espécie de rede. Cada um que recebe o rolo pode dizer: "As pessoas que eu convido para entrar em nossa rede são..." (podem ser lembrados familiares, pessoas ausentes, personagens famosos, pessoas necessitadas, representantes de diversas tradições religiosas e outros). Para desfazer a rede, basta fazer o caminho inverso com o barbante e enrolá-lo.

COMUNICAÇÃO

As religiões ensinam que todas as pessoas são iguais em dignidade e direitos, e podem viver unidas.

Nós, seres humanos, somos como os nós de uma rede: não podemos viver sozinhos.

INVENÇÃO

Com a turma você pode ajudar a tecer uma rede.

Quem são as pessoas que formam a rede com você?

CHARADA

Um pássaro pousou em uma árvore para comer cupins.

Achou 10 cupins em um galho, 8 no outro e 5 no outro.

No primeiro ataque ele engoliu 6 cupins.

Quantos ficaram?

PARA CONVERSAR COM QUEM VOCÊ AMA

O que é preciso fazer na família para vivermos unidos, como os nós de uma rede?

JÁ PENSOU SE FOSSE ASSIM?

A BONITA ARTE DE DEUS

Cheguei escuro na terra
O Sol ainda dormia

Nasci no meio da noite
Tu não podias me ver

Não pude guardar em mim
Meu jeito, o Sol me deu cor

Ser negro, branco, moreno
Bonita arte do amor

Eu tenho samba no pé, e tu?
Não vês que eu tenho cor, e tu?
Eu tenho raça, menino, e tu?
Também sou obra de Deus

Zélia Patrício. CD *A bonita arte de Deus*. v. 2. Paulinas/COMEP, 1996.

2.2. Diferentes, porém amigos

OBJETIVO

Perceber como as diferenças podem aumentar a amizade e afastar a rivalidade e o preconceito.

MATERIAL

Latinhas ou copos plásticos vazios, barbantes e ferramentas para furar.

O LEÃO E O RATINHO

Uma antiga fábula diz que o rei da floresta estava dormindo. Um ratinho fez barulho e o acordou. Zangado, o leão já ia engolir o ratinho, mas ele implorou que o deixasse viver, pois não fizera aquilo por maldade. O leão então o perdoou e o ratinho foi embora.

Passado algum tempo, o leão caiu na rede dos caçadores. Já cansado de lutar, ouviu uma vozinha: "Precisa de ajuda, rei leão?". Era o ratinho.

Num instante ele roeu a corda e as malhas da rede se abriram. O leão esperneou mais um pouco e saiu.

Os dois eram muito diferentes, mas se tornaram amigos, pois um salvou a vida do outro.

Alusão à fábula de Esopo.

Ler a história do ratinho e do leão, reconstruindo-a com sons e movimentos.

Pedir às crianças que descrevam diferenças existentes entre os colegas de classe: estatura, olhos, cabelos, nome, modo de falar, religiões a que pertencem e outras.

Organizar equipes e pedir que criem uma história de amizade com personagens completamente diferentes uns dos outros.

Comentar os valores e as atitudes de respeito às diferenças e de proteção da vida, presentes nas novas histórias.

A seguir, executar a sugestão do item *Invenção*: falar ao celular de lata, para se comunicar com amigos imaginários. Por exemplo: falar com um ET e explicar o que há de bom na Terra.

Concluir enfatizando a importância de todas as pessoas colaborarem para que as diferenças não sejam motivo de desprezo e rivalidade, mas de respeito e amizade.

COMUNICAÇÃO

Quais as diferenças que você vê na turma do 2º ano?

Como seria a turma se todos fossem iguais em tudo?

Com a turma, você pode criar uma história de amizade entre personagens diferentes.

INVENÇÃO

Que tal falar ao celular de lata com um amigo imaginário muito diferente de você?

A professora vai ajudar a furar latinhas com um prego.

Você pode passar por dentro dos furos um barbante de mais ou menos quatro metros.

Depois dê um nó em cada ponta.

CHARADA

O que é, o que é? Caminha deitado e descansa em pé.

PARA CONVERSAR COM QUEM VOCÊ AMA

O que é preciso fazer para ter grande amizade com pessoas muito diferentes de nós?

JÁ PENSOU SE FOSSE ASSIM?

AMIZADE

Mais vale um amigo
Do que um cofre com dinheiro
A amizade é um tesouro verdadeiro

Mais vale um amigo
Do que ter toda a riqueza
Amizade é uma vela sempre acesa sobre a mesa

Amizade, ah... ah... ah... amizade...

Nas horas de tristeza e horas boas
Um amigo vale mil pessoas

Mais vale um amigo
Joia rara, verdadeira
Amizade pra durar a vida inteira

Mais vale um amigo
Que nos tira da tristeza
Na conversa as horas passam
Sobre a mesa, com certeza

Sérgio Valério. CD *O coco do coqueiro*.
Paulinas/COMEP, 1998.

2.3. Se esta rua fosse minha

OBJETIVO

Tomar consciência da capacidade de transformar quase tudo em benefício da vida de todos. Além disso, observar que tudo se cria a partir de algo preexistente.

MATERIAL

Caixas de fósforo vazias, cola, tesoura, retalhos de papel ou tecido, régua, lápis, borracha. Outros materiais disponíveis, à escolha.

O CORETO DA PRAÇA

Antigamente não existia televisão. As pessoas se encontravam na rua para conversar. Nas praças havia coretos onde as bandas de música e outros artistas se apresentavam. Na praça as moças e os rapazes namoravam. Eles também escreviam versinhos e cantavam "modinhas" de amor como esta.

NESTA RUA

Se esta rua, se esta rua fosse minha
Eu mandava, eu mandava ladrilhar
Com pedrinhas, com pedrinhas de brilhante
Para o meu, para o meu amor passar

Nesta rua, nesta rua tem um bosque
Que se chama, que se chama solidão
Dentro dele, dentro dele mora um anjo
Que roubou, que roubou meu coração

Se eu roubei, se eu roubei teu coração
Tu roubaste, tu roubaste o meu também
Se eu roubei, se eu roubei teu coração
É porque, é porque te quero bem

Folclore infantil.

Cantar a música inicial com ritmo, gestos e movimentos.

Comentar a música e a capacidade de as pessoas transformarem quase tudo.

Distribuir caixas de fósforos vazias e refazer oralmente o itinerário da caixa: plantio, crescimento e corte da árvore, serraria, lasquinhas de madeira, fábrica de caixas, rótulo e fósforos, transporte, supermercado, compra, uso em casa, pessoas envolvidas em todo o processo.

Pedir às crianças que desenhem no quadro (ou em papel pardo) os elementos que vão sendo citados no itinerário da caixa.

Fazer balões, como em histórias em quadrinhos, para escrever falas dos personagens que aparecem no itinerário da caixa.

Destacar que as pessoas podem transformar tudo, mas não podem criar algo do nada.

A seguir, sugerir às crianças que inventem outras letras para a música, que falem da transformação de quase tudo em benefício das pessoas. Cantar as músicas criadas com movimentos, gestos, instrumentos.

Para concluir, desenvolver o item *Invenção*: formar equipes para construir brinquedos com as caixas de fósforos.

COMUNICAÇÃO

As religiões ensinam que a vida é a criação mais importante de Deus.

As pessoas têm capacidade de transformar quase tudo. Fazendo isso, elas também podem proteger a vida.

Com a turma, você pode criar a história de uma caixa de fósforos. Imagine quando ela era árvore na mata, e o que aconteceu até ela ir parar na cozinha e depois virar brinquedo.

Pode cantar:

Se esta caixa, se esta caixa fosse minha
Eu faria, eu faria um sofá
Pra chamar, pra chamar minha madrinha
E com ela, e com ela conversar.

Que tal inventar outras letras? Pense no que você faria para alegrar alguém.

INVENÇÃO

Em equipe, você pode brincar de marcenaria, de construção ou de casinha. Pode também construir brinquedos com caixas de fósforos.

CHARADA

O que é, o que é?

Enrola e parece cobra. Pode quebrar quando dobra.

PARA CONVERSAR COM QUEM VOCÊ AMA

O que sua religião ensina sobre a criação do mundo e de tudo o que existe?

JÁ PENSOU SE FOSSE ASSIM?

A BOA NOTÍCIA

Alô, alô, muita atenção
Alô, alô, ligue seu coração
Alô, alô, venha escutar
Esta notícia que eu tenho para dar

Você é amado, você é amado
Você é amado por Deus

Escute, não é segredo
Escute, não tenha medo
Você é amado, você é amado
Você é amado, amado por Deus

Agora cante comigo
Eu sou amado por Deus
Repita e cante comigo
Eu sou amado por Deus
Repita, cante comigo
Eu sou amado por Deus

Maria Sardenberg. CD *A boa notícia*.
Paulinas/COMEP, 1997.

2.4. A invenção da biscoitomática

OBJETIVO

Compreender a capacidade de as pessoas aprenderem, agirem e transformarem a sociedade em que vivem, em benefício da vida de todos.

MATERIAL

Música. Chapéu de papel ou outro. Todos os materiais de arte disponíveis, à escolha.

INTELIGÊNCIA DE BRINCADEIRINHA

No sítio do Pica-pau Amarelo, o Visconde de Sabugosa tem sempre grandes ideias. Ele também inventa soluções para qualquer situação complicada.

O Visconde é um verdadeiro inventor porque tem muito conhecimento. Ele é habitante de uma biblioteca.

Será que, fora da brincadeirinha, uma espiga de milho pode mesmo inventar alguma coisa?

Ler e comentar o texto inicial e pedir às crianças que imaginem uma máquina, robô ou computador que resolva os problemas das pessoas.

Pedir às crianças que se sentem em círculo e colocar uma música para tocar. Pôr o chapéu pensador na cabeça de uma das crianças e pedir que o passe para a cabeça da criança ao lado, enquanto estiver tocando a música. Ao parar a música, quem estiver com o chapéu falará sobre a máquina, computador ou robô que imaginou e para que ele serve.

A seguir, executar a sugestão do item "Invenção": formar equipes e expor o material disponível, incentivando a construção de máquinas, robôs, computadores, carros e quaisquer outros instrumentos destinados a trazer melhores condições de vida para todos.

COMUNICAÇÃO

A inteligência do ser humano é igual à de outros seres vivos ou é diferente da deles?

Imagine uma máquina, um robô ou um computador. Como eles podem ajudar as pessoas na proteção da vida de todos os seres?

A professora vai organizar a roda do chapéu pensador. É uma brincadeira legal! Quando chegar sua vez, explique sua invenção.

INVENÇÃO

Criar a biscoitomática: uma máquina automática de fazer biscoitos que acabam com a desnutrição e faz com que se aprenda matemática.

Em equipe, você pode construir uma invenção para proteger a vida das pessoas.

CHARADA

Qual o trabalho mais pesado do mundo?

PARA CONVERSAR COM QUEM VOCÊ AMA

Você pode contar o que descobriu na aula: que os seres humanos são diferentes de todos os outros seres vivos porque podem inventar modos de amar e ajudar a todos.

JÁ PENSOU SE FOSSE ASSIM?

QUARTO DE BRINQUEDOS

Quem já entrou num quarto de crianças
Quem já entrou num quarto de brinquedos
Não imagina que brinquedo fala
Não imagina que brinquedo dança
Já se esqueceu do tempo de infância

Brinquedo não fala
Brinquedo não dança
Mas basta um toque de criança
E um pouco de imaginação
Que o brinquedo começa a brincar

Newton Heliton e Teresa Cristina. CD *Coisas de crianças*. v. 2. Paulinas/COMEP, 1998.

UNIDADE 3

No tempo dos vaga-lumes

Objetivo Sentir-se responsável e participante de um projeto de vida e amor que engloba todo o universo.

3.1. O sumiço dos vaga-lumes

OBJETIVO

Compreender a capacidade de o ser humano destruir os seres vivos e também de proteger a vida e fazer um mundo diferente.

MATERIAL

Recortes de revistas e jornais que mostrem poluição, desmatamento, queimadas, agrotóxicos e outros tipos de agressão ao meio ambiente. Caixa grande de papelão, papel escuro para forrar e material que imite botões de um aparelho de televisão.

UMA ESTRELA EM MINHA MÃO

No verão, a noite quente, com perfume de jasmim,
era um sinal para mim.
Eu entendia que logo o Natal ia chegar.
Aquilo estava no ar.
O jardim cheio de estrelas, agitadas, cintilantes.
No escuro, para vê-las, eu esperava o instante
de mágica e emoção: a estrelinha voadora
pousava na minha mão.

Ler e comentar o poema da criança que sabia que o Natal estava chegando, porque era tempo de jasmins e vaga-lumes.

Explicar que em muitos lugares os vaga-lumes estão quase extintos por causa da poluição, do desmatamento, das queimadas e do uso dos agrotóxicos nas lavouras.

A seguir, desenvolver o item *Invenção*: sugerir que seja feito, em mutirão, um álbum com recortes, fotos e textos sobre os motivos que causaram a quase extinção dos vaga-lumes. Também pode ser feito um noticiário de TV sobre o mesmo conteúdo, com a reprodução de fatos noticiados em revistas e jornais. Incentivar as crianças para que façam seu próprio aparelho de televisão, com uma caixa de papelão e o restante do material disponível, e entrem nela para apresentar o noticiário.

COMUNICAÇÃO

Você gosta de ver as árvores enfeitadas de luzinhas coloridas no Natal?

Em alguns lugares os vaga-lumes enchiam as árvores e os jardins no verão. Isso faz bastante tempo. Eles pareciam estrelas vivas que piscavam e voavam. Você sabia?

INVENÇÃO

Com a turma, você pode recortar de revistas e jornais ilustrações que mostrem os motivos de os vaga-lumes estarem quase extintos. Depois forme um álbum com esse material.

Você também pode preparar notícias sobre o desaparecimento dos vaga-lumes e apresentá-las na sua própria TV feita com uma caixa de papelão bem grande.

CHARADA

O que é, o que é?
Rinhoca, não é riso de minhoca
Nem passarinho na oca.
Mas todo mundo pode dar e receber.

PARA CONVERSAR COM QUEM VOCÊ AMA

Você se lembra dos vaga-lumes?
Sabe por que eles sumiram?
Como seria o mundo se as pessoas cuidassem de tudo com amor e respeito?

JÁ PENSOU SE FOSSE ASSIM?

VAGA-LUME

Era noite na floresta
Vaga-lume apareceu, era tudo tão escuro
Ele se entristeceu, acendeu sua lanterninha
Mas de nada adiantou
A floresta era tão grande, e nada, nada iluminou

Trá, lá, lá...

Vaga-lume então pensou:
Eu já sei o que vou fazer
Se unirmos nossas forças,
o trabalho vai render
Vou chamar meus amiguinhos,
para virem me ajudar
E com nossas lanterninhas,
vamos tudo iluminar

Veio um, mais um, mais um,
mais um, mais um...

É um tal de pisca, pisca, pisca,
pisca sem parar
Vejam só, meus amiguinhos
Oh! que linda a noite está

Assim todos se ajudando
formou-se a multidão
a floresta inteirinha
transformou-se num clarão!

Pisca, pisca, pisca... sem parar

Maria do Rosário A. Siqueira. CD *Sementinha*. v. 4. Paulinas/COMEP, 2000.

3.2. Se eu fosse um peixinho

OBJETIVO

Tomar consciência de que a água revela o mistério da vida que existe no planeta e precisa ser protegida.

MATERIAL

Recipiente grande, transparente e com tampa, terra, pequenas mudas de plantas ou sementes, água.

UM SONHO DE PEIXE

Sonhei que a rua de minha casa tinha se tornado um rio. Só era possível sair de canoa. Pudera! Ontem fiquei sabendo que a superfície de nosso planeta tem mais água do que terra!

A CANOA VIROU

A canoa virou e tornou a virar
Foi por causa da Maria que não soube remar
Se eu fosse um peixinho e soubesse nadar
Eu salvava a Maria lá do fundo do mar

Folclore infantil.

Pedir às crianças que contem experiências que possam ter tido com enchentes, rios, riachos, lagos ou praias.

Conversar acerca da importância da água para a vida na Terra.

Comparar a água com outros líquidos artificiais, como refrigerante. Acentuar que ela é o único líquido que mantém viva a natureza, como se ela tivesse a vida em si mesma.

Enfatizar que os líquidos artificiais, como, por exemplo, o refrigerante, não têm o poder de conservar a vida, como o tem a água.

Pedir a cada criança que diga: "O que eu pediria às pessoas se eu fosse um peixinho".

A seguir, executar a sugestão do item *Invenção*: fazer com a turma uma estufa, colocando terra em um recipiente transparente, de preferência de vidro, que tenha tampa. Molhar levemente a terra e inserir pequenas mudas ou sementes. Tampar e deixar em um lugar iluminado, mas não muito quente. Observar todos os dias a evaporação da água e sua volta para a terra, o que ocasiona o crescimento das plantas.

COMUNICAÇÃO

As religiões ensinam que a água simboliza a vida de todos os seres.

Imagine que você é um peixinho falante. O que diria às pessoas?

O que aconteceria aos peixes se fossem soltos em um aquário cheio de refrigerante?

INVENÇÃO

Com toda a turma, você pode construir uma estufa. Assim vocês poderão observar o ciclo da água na terra.

CHARADA

Em que lado do corpo a ovelha tem lã?

PARA CONVERSAR COM QUEM VOCÊ AMA

Em sua religião, usa-se água em algum ritual? Para quê?

JÁ PENSOU SE FOSSE ASSIM?

PEIXE VIVO

Como pode o peixe vivo
Viver fora da água fria? (bis)
Como poderei viver? (bis)
Sem a tua, sem a tua, sem a tua companhia? (bis)

Os pastores desta aldeia
já me fazem zombaria (bis)
Por me ver assim chorando (bis)
Sem a tua, sem a tua, sem a tua companhia. (bis)

No rio São Francisco
corre água todo dia (bis)
Só o tempo é que não corre (bis)
Sem a tua, sem a tua, sem a tua companhia. (bis)

Folclore infantil. CD *Tim do le lê*. Paulinas/COMEP, 1998.

3.3. Reguei a samambaia plástica

OBJETIVO

Compreender o limite humano de não poder criar seres vivos do nada, mas apenas cuidar de seres que já existem.

MATERIAL

Galho de árvore grande e seco, vasilha com terra, tesouras, fita adesiva, retalhos de papel verde e de outras cores.

MINHA DESCOBERTA CIENTÍFICA

Quando eu tinha 4 anos de idade, ganhei uma samambaia plástica. Por muitos anos, minha avó a deixou enfeitando a varanda da casa dela e quando resolveu trocá-la ia jogar a pobrezinha no lixo, mas eu corri e a pedi para mim. Eu pensei: "Como pode uma planta tão antiga ficar sempre do mesmo tamanho?".

Resolvi plantar minha samambaia no jardim para ver o que aconteceria. Eu a regava e dava vitaminas para plantas, mas ela não cresceu nenhum centímetro. Os adultos não riram de mim, ao contrário, deixaram-me fazer a experiência. Foi assim que eu descobri a diferença entre as plantas de verdade e as de plástico.

Narrar a história inicial.

Pedir às crianças que descrevam as plantas vivas que têm em casa.

Pedir que identifiquem as diferenças entre plantas artificiais e naturais.

Concluir que as plantas artificiais não têm vida, porque são feitas pelas pessoas, enquanto as naturais são vivas.

A seguir, executar a sugestão do item *Invenção*: construir uma árvore em mutirão, fixando um galho natural, sem folhas, em um vaso. Recortar folhas, flores ou frutos de papel e completar a árvore.

COMUNICAÇÃO

Você tem plantas em casa?

Por que as plantas naturais crescem e morrem?

Por que as artificiais não crescem e não morrem?

INVENÇÃO

Com a turma, você pode construir uma árvore para decorar a sala.

CHARADA

Qual o agente secreto mais secreto do mundo?

PARA CONVERSAR COM QUEM VOCÊ AMA

Peça ajuda a um adulto de sua casa para plantar um pé de feijão.

Coloque um pouco de algodão molhado em um copo de plástico e ponha uns grãos de feijão. Deixe em um lugar iluminado e coloque água para não secar. Se quiser, pode trazê-lo para a sala de aula.

JÁ PENSOU SE FOSSE ASSIM?

VAMOS PLANTAR UMA ÁRVORE

Quando acordo de manhã
E vejo ao meu redor
As flores do jardim
Eu fico tão feliz
Ao ouvir o canário assobiar, lá, lá...

Vamos cuidar desta terra!
Vamos plantar uma árvore!
E também não poluir o ar
Cuidar das águas, do rio e do mar

Borboletas coloridas
Passeiam no jardim
Brincando de ciranda

Bem alegres e faceiras
Com as suas brincadeiras
Volteando, volteando na touceira

Celina Santana. *Palavras mágicas.*
Paulinas/COMEP, 2000.

3.4. Não atiro pau em gato

OBJETIVO

Tomar consciência do sofrimento dos animais quando são maltratados e da responsabilidade de respeitá-los e protegê-los.

MATERIAL

Todos os materiais de criação disponíveis para escolha e confecção de máscaras de animais.

CANTIGA DE RODA

Muitos anos atrás, algumas pessoas pensavam que não havia problema em agredir os animais.

Havia uma canção de roda assim:

ATIREI O PAU NO GATO

Atirei um pau no gato, to to
Mas o gato, to to
Não morreu, reu reu
Dona Chica, cá
Admirou-se, se
Do berro, do berro que o gato deu
Miaaauuu!

Folclore infantil

Cantar a música *Atirei o pau no gato* com movimentos, gestos, ritmo, instrumentos.

Deixar que as crianças contem suas experiências com animais.

Pedir que citem diferenças e semelhanças entre as pessoas e os animais.

Sugerir que encontrem explicações para essas diferenças.

A seguir, desenvolver a proposta do item *Invenção*: expor o material disponível para que sejam feitas máscaras de animais, ou para que as crianças pintem o rosto, caracterizando-se no animal que desejarem. Reunir equipes de "animais" iguais e sugerir que escrevam novas letras para a música, expressando o que esse animal gostaria de dizer às pessoas

COMUNICAÇÃO

As religiões ensinam que não temos direito de maltratar nenhum ser vivo.

Você tem animais de estimação?

O que você acha da canção *Atirei o pau no gato*?

Como você faria a letra desta música?

INVENÇÃO

Você pode fazer e usar uma máscara que simboliza um animal.

Em equipe, você pode inventar para a canção outra letra que fale do animal de sua máscara.

CHARADA

Qual a dor mais longa do mundo?

PARA CONVERSAR COM QUEM VOCÊ AMA

Como sua religião ensina a respeitar todos os seres vivos?

JÁ PENSOU SE FOSSE ASSIM?

CHAMADA NO ZOO

Tem chamada no zoo
Todos os bichos presentes
Seguindo o alfabeto
Todo mundo contente!

A primeira é a arara
Depois vem o boi
Aí o cavalo
Dinossauro chegando

A seguir o elefante
Depois entra a foca
Miando o gato
Alguém ficou de fora?

Com H mais I
Hipopótamo vem
Jacaré e leão
Macaco bem-vindo

O novilho e a onça
Daí vem o pássaro
Rato, sapo, tatu
Vestido de mágico...

Urso, vaca e ximango
Zebra vem no final
É o fim da chamada
Um barato total

Terminou a chamada
Ninguém está ausente
Desde a arara à zebra
Todo mundo contente (bis)

Sônia Rinaldi. CD *Robô maluquinho*.
Paulinas/COMEP, 2000.

UNIDADE 4

Como é bom crescer!

Objetivo Experimentar a capacidade de crescer junto com os colegas, superando limites e dificuldades.

4.1. O tombo da tartaruga

OBJETIVO

Aprender a refletir acerca das consequências das próprias ações e ter compreensão dos erros e enganos de outras pessoas.

MATERIAL

Gravuras grandes, de revistas ou outras, lápis, borrachas e tesouras.

POR QUE A TARTARUGA PARECE UM QUEBRA-CABEÇAS?

Uma lenda antiga conta que Deus fez uma festa no céu para todos os animais. No fim da festa os bichos voltaram para a terra. Só a tartaruga, muito lenta, perdeu a condução e ficou lá.

No dia seguinte, os anjos varreram o salão de festas. Sem perceber, jogaram a tartaruga para baixo. Ela caiu e seu casco se quebrou em vários pedaços.

Era inverno na terra e a pobrezinha tremia de frio. Deus percebeu e teve muita pena dela. Juntou todos os caquinhos, montou o casco com paciência e colou. É por isso que o casco da tartaruga parece um quebra-cabeças.

Ler a história inicial, reconstruindo-a com sons e movimentos, e comentar o que aconteceu com a tartaruga.

Pedir às crianças que narrem erros e enganos que já cometeram e o que sentiram na ocasião.

Refletir a respeito da importância de não condenar, quando alguém comete um erro sem querer.

Pedir às crianças que opinem: por que precisamos compreender quem comete erros sem querer?

Concluir que os enganos e erros servem para aprender ou para demonstrar amizade e restaurar a confiança de quem errou.

A seguir, executar a sugestão do item *Invenção*: distribuir as gravuras, organizar equipes e pedir que risquem e cortem as gravuras em forma de quebra-cabeças. Trocar os quebra-cabeças entre as equipes, para que os montem. Conversar a respeito da capacidade de reconstruir algo que parece estar destruído.

COMUNICAÇÃO

Você já quebrou algum objeto ou cometeu um engano grave?

Como você se sentiu?

O que podemos fazer quando alguém comete um erro sem querer?

INVENÇÃO

Com sua equipe, você pode criar um quebra-cabeças.

CHARADAS

Estas não têm resposta:

- Para que lado o girassol gira o sol?
- Onde o guarda-costas guarda as costas?
- Em que lugar o guardapó guarda o pó?

Agora é sua vez: invente outras charadas sem resposta.

PARA CONVERSAR COM QUEM VOCÊ AMA

O que sua religião ensina a fazer quando alguém erra sem querer?

JÁ PENSOU SE FOSSE ASSIM?

SOMOS AMIGOS

Quando você não quiser mais sorrir
Quando der vontade de ir embora... fugir
Quando você nem quiser conversar... oh não!
E achar que já não vale a pena lutar
Um amigo nessas horas é bom pra ajudar
Se você quiser é só me chamar

Que eu vou, conte comigo
Pois eu sou, sou seu amigo
Em nós dois bate um só coração
Me dê a mão

Você tem a mim, não fique a chorar
Eu estou aqui e vou sempre ajudar
Então vem sorrir, pra gente ser feliz
Você vai ver
Amanhã um novo dia vai nascer

Ringo/Ângela. CD *Faróis de esperança.*
Paulinas/COMEP, 2002.

4.2. A nata virou manteiga

OBJETIVO

Compreender que as dificuldades existem na vida de qualquer pessoa e é possível superá-las.

MATERIAL

Música para dançar, uma folha de jornal para cada criança, material disponível para a construção do cenário das rãs.

O ESFORÇO DAS RÃS

Duas rãs caíram em uma tigela de leite. Pularam, pularam, pularam. Tentaram subir, mas a louça era lisa e elas, "tchibum", caíam de volta no fundo.

O leite era puro e forte. De tanto as rãs pularem, uma grossa camada de nata se formou na superfície da tigela.

Em pouco tempo, com o movimento das rãs, a nata virou uma bola de manteiga.

Então elas subiram na manteiga e pularam para fora, prometendo ser mais cuidadosas ao bisbilhotar tão de perto o que não conhecem.

Distribuir uma folha de jornal para cada criança. Colocar música e pedir que dancem sem pisar fora da folha. Fazer pausas na música para que dobrem a folha sempre em duas, até ficar tão pequena que seja preciso dançar em um pé só.

Comentar as dificuldades e o esforço necessário para continuar dançando.

Pedir que contem outras dificuldades que enfrentaram, como foram superadas e quem ajudou. Exemplos: aprender a ler, aprender a andar de bicicleta, fazer uma tarefa em casa.

Ler a história das rãs e reconstruí-la com sons e movimentos.

Comentar o que seria das rãs se tivessem desistido de pular.

A seguir, desenvolver a proposta do item *Invenção*: organizar equipes e pedir a cada uma que invente uma história, abordando o esforço necessário para conseguir o que queremos. Expor o material disponível para que cada equipe represente sua história. Se possível, realizar com a turma a experiência da manteiga ou sugerir que o façam em casa.

COMUNICAÇÃO

O que aconteceria se as rãs tivessem desistido de pular na primeira vez que escorregaram?

É fácil vencer uma dificuldade ou conseguir o que se deseja? Isso é motivo para desistir?

Como podemos superar as dificuldades?

INVENÇÃO

Que tal fazer uma experiência científica? Consiga nata de leite ou creme de leite fresco (creme de latinha não serve).

Ponha o creme ou a nata em uma xícara grande (menos da metade da xícara) e mexa com o garfo até virar manteiga. Se doer o braço, peça ajuda a alguém.

Se você não desistir, a manteiga aparecerá.

Lave-a com água fria, para tirar o soro. Misture uma pitadinha de sal e passe numa fatia de pão. Bom lanche!

CHARADA

O que é, o que é? !snébaraP (o contrário de se sentir incapaz).

PARA CONVERSAR COM QUEM VOCÊ AMA

O que sua religião ensina a fazer para superar as dificuldades?

JÁ PENSOU SE FOSSE ASSIM?

NUM PASSO DE DANÇA

Num passo de dança
Deus se fez criança
Sonhou com o mundo
E se enamorou

Guardou o universo
Em seu coração
E se consagrou
Poeta cantor

Derramou-se na vida
Feito tinta em papel
Silenciou... contemplou
A palavra floriu

Espalhou-se, invadiu
Cada flor, cada ser
Não coube se guardar
Transbordou de amor

Zélia Patrício. CD *A bonita arte de Deus*. v. 2. Paulinas/COMEP, 1996.

4.3. Samba le-lê "tá" doente

OBJETIVO

Compreender a necessidade de ter coragem e paciência na doença e ter amor e carinho pelas pessoas quando estão doentes.

MATERIAL

Material para escrita.

LAMBADAS, NÃO!

Você sabe o que é uma lambada?

Era um costume que as pessoas tinham de bater nas crianças. Isso não é nada bom!

Essa cantiga de roda fala que uma criança doente precisa de lambadas.

Samba le-lê tá doente
Tá com a cabeça quebrada
Samba le-lê precisava
É de umas boas lambadas

Samba, samba, samba ô lê lê
Levanta a pontinha da saia ô lê lê
Samba, samba, samba ô lê lê
Pisa na barra da saia ô lê lê

Folclore infantil. CD *O mundo encantado da música*. v. 1. Paulinas/COMEP, 1997.

Cantar a música *Samba le-lê* com movimentos, gestos, ritmo, instrumentos.

Sugerir às crianças que façam cadeirinha: duas cruzam as mãos em forma de quadrado e outra senta, passando os braços sobre os ombros das duas que a carregam.

Conversar a respeito do que cada uma sentiu ao carregar ou ser carregada na cadeirinha.

Relacionar o fato com a doença e a necessidade de receber e dar ajuda.

Pedir às crianças que contem casos de doença em suas famílias.

Comentar a música e criar, em mutirão, uma nova letra.

A seguir, desenvolver a proposta do item *Invenção*: formar equipes para a criação de poções mágicas, em cuja fórmula entrem valores e atitudes de bondade, amor, respeito, ajuda, carinho, atenção etc.

COMUNICAÇÃO

As religiões ensinam que Deus quer a vida e a saúde de todas as pessoas.

Por que as pessoas adoecem?

O que você pensa da música *Samba le-lê tá doente?*

Como você escreveria a letra?

INVENÇÃO

Fórmulas de poções mágicas para curar perna que dói de tanto ficar sentado no sofá.

INGREDIENTES:

500 passos ao lado de alguém que precisa de companhia.

Meia hora brincando com alguém no pátio.

Três serviços bem leves para ajudar em casa.

Uma brincadeira com o bicho de estimação.

Um beijo e um abraço nas pessoas adultas da família.

A lição de casa feita no capricho.

MODO DE USAR:

Misturar tudo e usar a poção, no mínimo, uma vez por dia.

Agora é a sua vez: invente poções mágicas para outras doenças.

CHARADA

Para onde vão as gaivotas de um ano de idade?

PARA CONVERSAR COM QUEM VOCÊ AMA

O que podemos fazer para ajudar alguém que está doente?

JÁ PENSOU SE FOSSE ASSIM?

TUDO PELA SAÚDE

Quero cuidar do meu corpo
Ter muita saúde, viver numa boa
Pois é só quem tem saúde
Que vive sorrindo à toa

Sa, sa, sa é bom ter
Saúde pra feliz viver

São alimentos saudáveis
Que fazem bem para mim
Quero saber o que como,
o que bebo
E repetir sempre assim

Pra longe as drogas
Eu não quero nem pensar
Até já me chamaram de careta
Eu quero viver, quero malhar
Saúde é presente que Deus dá

Celina Santana. CD *Palavras mágicas*. Paulinas/COMEP, 2000.

4.4. O mistério do bem-te-vi

OBJETIVO

Refletir acerca das atitudes que tornam as pessoas felizes, como sinceridade, solidariedade, ajuda e outras.

MATERIAL

Todos os materiais disponíveis para escolha e montagem de cenário, maquete, histórias em quadrinhos ou personagens.

UMA VOZ NA MATA

Um homem foi fazer turismo em uma trilha ecológica na mata. No caminho encontrou uma carteira cheia de dinheiro. Ele era o último do grupo. Olhou para todos os lados e viu que ninguém havia percebido nada. Então, guardou a carteira e seguiu.

Na mesma hora uma voz veio da mata: "Bem te vi, bem te vi,

bem te vi". Ele olhou outra vez, mas não havia ninguém, além dos companheiros que iam na frente. Continuou andando, e, pouco depois, a mesma voz: "Bem te vi, bem te vi, bem te vi".

Irritado e sem saber quem era aquele personagem invisível, o homem gritou: "Está bem, você me viu. Então, não será para mim nem para você". E jogou a carteira longe.

Ler e comentar a história inicial e então deixar que as crianças a reconstruam com movimentos e sons da mata.

Pedir que relatem situações em que foram ou não sinceras, e como se sentiram.

Pedir que opinem acerca das atitudes que são necessárias para ajudar as pessoas em momentos difíceis como, por exemplo, a perda de um objeto importante.

A seguir, executar a sugestão do item *Invenção*: criar, em mutirão, uma história diferente desta do turista. Deixar que as crianças opinem e ir escrevendo as ideias no quadro, até que se forme a história com cenário, personagens e acontecimentos. Expor o material disponível para que as crianças criem cenário, personagens, maquete, teatro, histórias em quadrinhos ou outra forma de representar a história que foi escrita em mutirão pela turma.

COMUNICAÇÃO

O que era aquela voz no meio da mata?

Por que o homem jogou a carteira?

Você já fez algo escondido, para que ninguém soubesse? Como se sentiu?

Prejudicou alguém? Qual foi o resultado?

INVENÇÃO

Com sua equipe, você pode criar uma história contrária ao fato que ocorreu com o turista.

CHARADA

No aniversário do Zé havia dez crianças.

Zé abriu uma caixa com dez barras de chocolate e ofereceu uma a cada colega.

Todos se serviram e ainda sobrou uma barra.

Como isso se explica?

PARA CONVERSAR COM QUEM VOCÊ AMA

O que sua religião ensina a respeito das atitudes, como, por exemplo, a sinceridade?

JÁ PENSOU SE FOSSE ASSIM?

CANÇÃO DE AMOR E PAZ

Canta, canta comigo
Esta canção de amor e paz
Que vem do céu e é toda ternura
Dá-me tuas mãos
Vamos cantar

Olha lá no horizonte
Um novo tempo rindo pra nós

Por que chorar se amar é vida?
Bem melhor é cantar

A nossa canção
É de amor e paz que o mundo precisa
Canta, canta comigo
Esta linda canção de amor e paz

Edson Rodrigues. CD *Tim do le lê*.
Paulinas/COMEP, 1998.

Avaliação periódica

ASPECTOS A SEREM AVALIADOS

- A participação de cada criança.
- As atitudes que cada uma delas conseguiu viver durante o ano.
- Se o livro ajudou ou dificultou as aulas.
- Quais as atividades que mais agradaram.
- Quais as que não funcionaram bem, e por quê.
- Se houve momentos de desinteresse, desordem, confusão, e quais foram os motivos.
- O que precisa ser modificado.
- O que pode continuar como está.
- Quais as sugestões de mudanças.
- Como cada criança se sentiu no grupo.
- Como foi a participação dos familiares.
- Fazer uma síntese escrita dos principais pontos dialogados.

Respostas das charadas

Página **18**
Chuva

Página **22**
Beterraba

Página **26**
Arara

Página **30**
Porque depois começa a sair

Página **36**
Não ficou nenhum; todos os outros fugiram

Página **39**
O pé

Página **42**
Mangueira de jardim

Página **46**
O do carteiro na idade da pedra

Página **50**
"Carinho", quando dá a louca na língua

Página **54**
No lado de fora

Página **57**
Aquele que nem sabe que é agente secreto

Página **60**
A dor de garganta da girafa

Página **69**
Dar parabéns a si mesmo na frente do espelho

Página **72**
Para o segundo ano de idade

Página **76**
Sobrou o chocolate do Zé, que foi o último a se servir

Sumário